친구 마음을 알아주고
내 마음을 지혜롭게 표현하는
센스 레벨업

부모님께

센스 레벨업을 소개합니다! (1/2)

친구들이 싫어하지 않는 아이가 되는 것과 친구들이 좋아하는 아이가 되는 것은 다릅니다. 기존의 사회성 자료가 부족한 사회적 이해와 기술을 보충하여 친구들이 싫어하지 않는 아이가 되는 것에 도움이 되었다면, 센스 레벨업은 센스와 배려를 키워 친구들에게 사랑을 받는 아이가 되도록 도움을 줍니다.

더 센스 있는 아이를 우리는 사회지능이 높다고 평가합니다. 이런 아이는 배려심도 깊고, 칭찬을 많이 받으며, 인기도 많습니다. 우리 아이가 좋은 교우 관계를 형성하는 것에 센스를 길러주는 것만큼 좋은 방법도 없을 것입니다. 그러나 센스에 대해 가르치는 것이 쉽지는 않습니다. 센스는 마치 말의 뉘앙스처럼 설명해 주기도 어렵고, 정해진 기준이나 일반적인 방법이 있지도 않으니까요. 게다가 사람들마다 센스 있는 행동에 대한 생각이 다른데, 부모가 그것에 대해 다 알고 있을 수도 없지요.

예꿈교육은 우리 아이를 누구에게나 사랑받는 아이로 길러주고 싶은 부모님의 마음을 잘 알기 때문에 '센스에 대해 가르치는 교재 만들기'라는 새로운 도전을 했습니다. 그렇게 만들어진 센스 레벨업이 우리 아이들의 건강한 성장에 도움이 되길 기대합니다!

센스 레벨업은 이렇게 만들었습니다!

하나, 사회적인 센스가 필요한 30가지 상황을 엄선했습니다.

대부분의 사회성 교재는 갈등 상황이나 예의에 어긋나는 상황 등 적절한 행동과 부적절한 행동이 명확한 상황들을 다루고 있습니다. 다양한 상황에서 적절한 행동이 어떤 것인지를 배우는 것인데요. 실제 생활에서는 어떻게 행동하는 것이 좋을지 모르겠는 복잡하고 미묘한 상황들이 많습니다. 이렇게 어렵고 고민이 되는 상황에서 필요한 것이 바로 사회적 센스입니다. 사회적 센스가 있는 아이들은 복잡한 상황에서도 자연스럽게 대처할 수 있습니다. 센스 레벨업에서는 분명하게 답이 있는 상황보다는 어떻게 행동하기가 어려운 애매한 상황들을 선정하여, 이러한 상황에서도 센스를 발휘할 수 있도록 아이들을 준비시키고자 하였습니다.

이에 지난 십 년간 사회성 자료를 만들어온 예꿈의 전문가들이 오랜 시간 회의를 거듭하며 최종적으로 30개의 상황을 엄선하였습니다. 그리고 각 상황에서는 어떻게 반응하는 것이 좋을지 다섯 가지 선택지를 제공하여 아이들의 생각의 부하를 줄여주었습니다. 이는 아이들이 상황에 대해 좀 더 명료하게 생각할 수 있는 틀이 될 것입니다.

둘, 311명의 사람들에게 물어 근거 있는 답을 안내했습니다.

국내 리서치 회사에 의뢰하여, 15~49세까지의 청소년과 어른 311명에게 각 상황에서

센스 레벨업을 소개합니다! (2/2)

초등학교 저학년이 어떤 행동을 하는 것이 가장 센스 있을지를 물었습니다. 이들은 우리 아이의 행동을 평가할 수 있는 또래이자, 상대 친구의 부모님이자, 교사이자, 좀 더 사회적인 경험을 많이 한 사람들이기 때문에 그들의 응답은 믿을만한 기준이 될 것입니다. 성별과 연령은 모두 균등하게 맞추어 편향되지 않은 응답이 되도록 하였습니다.

본 도서에서는 설문 조사의 결과를 가감 없이 실었습니다. 몇몇 상황에서 저자들의 기존 생각과 설문 조사의 결과가 다른 부분들이 있었지만, 그러하더라도 설문의 결과가 다수의 생각이기 때문에 안전한 기준이 될 거라 생각했습니다. 설문 조사의 결과를 참고하시되 이 응답들이 아이의 창의성과 유연성을 제한하지 않도록 어디까지나 참고 자료로 활용해 주시길 부탁드립니다. 설문 조사 시에도 소수의 기타 응답들이 있었고, 본 책을 활용할 때도 다양한 의견들이 있을 수 있습니다. 중요한 것은 그렇게 생각한 이유이므로, 기타 응답을 허용하시고 그렇게 생각하는 이유를 아이와 나누어보면 더 좋은 교육이 될 것입니다.

셋, 그래프로 더 보기 쉽게 만들었습니다.

설문 응답은 그래프로 한눈에 보기 쉽게 나타냈습니다. 어떤 선택지가 가장 많은 선택을 받았는지만 보기보다는 다음의 내용들을 고려하면 훨씬 더 많은 정보를 얻을 수 있습니다.
- 응답이 하나의 보기에 몰려 있다는 것은 분명하게 선호되는 행동이 있다는 것이고, 넓게 퍼져있다면 여러 행동들이 용인된다는 의미입니다.
- 응답이 현저하게 적은 행동은 사람들이 선호하지 않을 행동으로 생각하면 좋습니다.
- 아이의 생각이 다른 사람들의 생각과 어떻게 달랐고, 비슷하게 생각한 사람은 얼마나 많은지를 시각적으로 파악해 보도록 합니다.

*기타 응답의 경우, 그래프에 포함되지 않아 총 인원이 311명이 아닌 경우가 있습니다.

넷, 심화 질문과 스티커 활동으로 사회적 시각을 확장시키도록 했습니다.

주어진 상황에서 가장 센스 있는 답을 찾아볼 수 있도록 도움 질문들을 추가하였습니다. 활동을 확장하고자 하시는 부모님들께 좋은 가이드가 될 것입니다. 질문은 등장인물들과 입장을 바꿔보는 공감 질문, 행동의 결과를 생각해 보는 추론 질문, 최악의 행동을 떠올려보는 예방 질문과 다양한 상황에 일반화해 볼 수 있는 상상 질문으로 구성되어 있습니다. 또한 스티커 활동으로 오늘 배운 내용을 스스로 돌아보고, 향상된 자신의 능력을 평가해 보도록 하였습니다. 이를 통해 단순히 활동을 반복하는 것이 아니라, 학습의 주체로서 무엇을 배웠고 무엇을 배울 것인지 사고해 보는 능력을 키우도록 하였습니다. 이로써 자신의 인지 과정에 대해 모니터링하고 조절하는 능력, 즉 메타인지 능력을 함께 키울 수 있도록 하였습니다.

어린이 여러분께

친구들과의 관계에서
어려움을 겪었던 적이 있나요?
이럴 땐 어떻게 해야 할지
고민이 되었던 적이 있나요?

그렇다면,
여러분에게 필요한 건 바로 **센스**입니다.

센스는 친구들의 마음을 이해하게 해주고,
내 마음을 부드럽고 지혜롭게 표현하게 해줍니다.
센스는 여러분을 인기 있는 친구로
만들어줄 것입니다.

지금부터 30일 동안 센스 만렙에 도전해 보세요.

먼저, 아이디를 만들어주세요.

_____

자, 그럼 입장합니다! `START`

이렇게 활용하세요!

센스 레벨업에는 센스가 필요한 30가지 상황이 담겨 있어요. 하루에 한 장씩 보면서 센스를 키워보세요. 매일 센스를 레벨업하다 보면, 한 달 뒤 **센스만렙**이 되어 있을 거예요!

 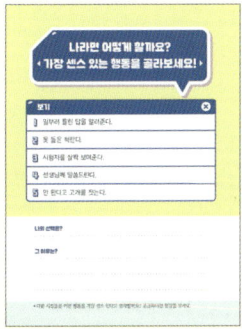 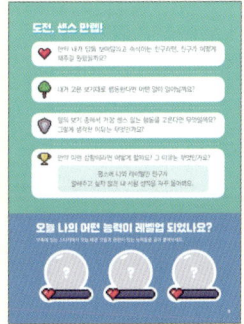

1 먼저 상황 이야기와 그림을 보고, 주어진 상황에 대해 이해해요. 무엇이 문제일까요? 사람들의 표정은 어떤가요? 기분은 어떨까요? 이런 질문들을 떠올려보면서 상황을 깊이 있게 이해해 보세요.

2 다음 장에는 이럴 때 어떻게 하는 것이 가장 센스 있는 행동인지 고르는 문제가 있어요. 보기 중 가장 적절하다고 생각되는 것을 골라보고, 그 이유를 말해보세요. 정답이 있는 것은 아니니까 자유롭게 생각해 보세요. 가장 중요한 건 그렇게 생각한 이유를 논리 있게 설명하는 거예요. 어렵더라도 내 생각을 정리해서 말하는 연습을 하다 보면 빠른 속도로 센스가 자라날 거예요. 선생님, 부모님, 친구들과 이야기 나누는 것도 좋아요. 다른 사람들의 이야기를 들으며 내 생각과 비슷한지 다른지 생각해 본다면 생각의 힘도 함께 기를 수 있어요. 특히 이 책은 300명이 넘는 사람들의 의견을 모아서 소개하고 있기 때문에, 보다 수용 가능하고 바람직한 행동을 배울 수 있어요.

3 옆에는 센스를 기르는 데 도움이 되는 ♥공감 질문, 🌳추론 질문, 🛡예방 질문, ⭐상상 질문이 담겨 있어요. 질문에 답하면서 공감하기, 추론하기 등 다양한 사회적 기술을 연습해요. 공부를 마치면, 책 뒤의 부록에서 스티커를 찾아 빈칸에 붙여보세요. 오늘 나의 어떤 사회성이 길러졌는지 스스로 평가하면서 적절한 스티커를 골라 붙여보세요.

4 다음 장에는 설문 결과가 그래프로 나와 있어요. 이 상황에서 다른 사람들은 어떻게 행동하길 바라는지, 어떤 행동을 센스 있다고 생각하는지 한눈에 쉽게 확인해 볼 수 있어요.

도전! 센스왕이 되어 보자!
30개의 미션을 달성하세요!

01 친구가 답을 보여달라고 속삭여요.
02 누구랑 점심을 먹을지 모르겠어요.
03 친구 때문에 앞이 잘 안 보여요.
04 뒤에 앉은 친구들이 자꾸 속삭여요.
05 친구가 소풍 갈 때 같이 앉자고 해요.
06 잘 모르는 아이가 같이 놀려고 해요.
07 예전에 친했던 친구가 날 모른 척해요.
08 친구 이름이 기억이 안 나요.
09 같이 못 논다던 친구가 다른 애랑 놀아요.
10 친구가 그린 그림이 별로예요.
11 친구 어깨에 비듬이 잔뜩 있어요.
12 친구가 "나 살쪘지?"라고 물어봐요.
13 내가 쏘는데 친구가 비싼 과자를 골라요.
14 한 친구가 매운 걸 못 먹는대요.
15 친구 혼자 피자를 너무 많이 먹어요.
16 친구가 얻어먹기만 하고 사지 않아요.
17 친구가 다른 친구 말을 잘 듣지 않아요.
18 친구가 빌려 간 돈을 돌려주지 않아요.
19 나도 친구의 젤리가 먹고 싶어요.
20 친구가 신발을 사 내라고 해요.
21 친구들이 다른 친구 험담을 해요.
22 내 욕을 했던 친구가 친한 척을 해요.
23 나만 없는 채팅방이 있는 걸 알았어요.
24 친구가 나를 피하는 것 같아요.
25 괴롭힘을 당하는 친구가 도와달래요.
26 엘리베이터 버튼 앞에 섰어요.
27 친구가 엘리베이터로 달려오고 있어요.
28 엘리베이터를 못 가게 붙잡고 있어요.
29 내가 잘 모르는 길을 물어봐요.
30 엄마가 내 나이를 속여서 말해요.

◆ 보상 목록 ◆

우정의 트로피
X 100

센스의 물약
X 100

배려의 물약
X 100

인기의 보물
X 100

DAY 01　친구가 답을 보여달라고 속삭여요.

쪽지시험을 보는데, 친구가 답을 보여달라고 속삭여요. 어떡하죠?

시작 ▶

나라면 어떻게 할까요?
가장 센스 있는 행동을 골라보세요!

보기

1. 일부러 틀린 답을 알려준다.
2. 못 들은 척한다.
3. 시험지를 살짝 보여준다.
4. 선생님께 말씀드린다.
5. 안 된다고 고개를 젓는다.

나의 선택은?
....

그 이유는?
....
....
....

• 다른 사람들은 어떤 행동을 가장 센스 있다고 생각할까요? 궁금하다면 뒷장을 보세요.

도전, 센스 만렙!

 만약 내가 답을 보여달라고 속삭이는 친구라면, 친구가 어떻게 해주길 원했을까요?

 내가 고른 보기대로 행동한다면 어떤 일이 일어날까요?

 옆의 보기 중에서 가장 센스 없는 행동을 고른다면 무엇일까요? 그렇게 생각한 이유는 무엇인가요?

 만약 이런 상황이라면 어떻게 할까요? 그 이유는 무엇인가요?

> 평소에 나와 라이벌인 친구가 알려주고 싶지 않은 내 시험 성적을 자꾸 물어봐요.

오늘 나의 어떤 능력이 레벨업 되었나요?

부록에 있는 스티커에서 오늘 배운 것들과 관련이 있는 능력들을 골라 붙여보세요.

사람들이 선택한 가장 센스 있는 행동은?!

1 일부러 틀린 답을 알려준다.
35명   11.3%

2 못 들은 척한다.
122명   39.2%

3 시험지를 살짝 보여준다.
32명   10.3%

4 선생님께 말씀드린다.
20명   6.4%

5 안 된다고 고개를 젓는다.
101명   32.5%

311명에게 물어본 결과,

　설문 조사 결과, 친구의 말을 못 들은 척하는 것과 안 된다고 고개를 젓는 것이 비슷한 선택을 받아 1위, 2위를 차지했어요. 시험 중에 친구에게 답을 보여주는 것은 바람직하지 않은 행동이고, 들켰을 때 나도 함께 혼날 수 있기 때문에 대부분의 사람들이 친구의 부탁을 들어주지 않는 답변을 선택했어요. 이럴 때는 선생님께 말씀드리거나 일부러 틀린 답을 알려주는 방법보다는 친구와의 관계를 생각해서 그냥 못 들은 척하거나 조용히 고개를 저어서 거절의 의사를 표현하는 것이 좋겠어요.

DAY 02 누구랑 점심을 먹을지 모르겠어요.

개학 첫날, 점심 시간이 되었는데 아는 친구가 없어요. 다른 친구들은 벌써 둘 셋씩 모여 앉아있어요.

시작 ▶

나라면 어떻게 할까요?
가장 센스 있는 행동을 골라보세요!

보기

1. 아무 친구 옆에나 가서 조용히 앉아서 먹는다.
2. 혼자 앉아서 먹는다.
3. 그냥 배가 안 고프다고 하고 안 먹는다.
4. 혼자 앉은 친구가 있는지 보고, 같이 먹자고 한다.
5. 아무도 없는 곳에 가서 몰래 먹는다.

나의 선택은?
....

그 이유는?
....
....
....

• 다른 사람들은 어떤 행동을 가장 센스 있다고 생각할까요? 궁금하다면 뒷장을 보세요.

도전, 센스 만렙!

 만약 점심 시간에 친하지 않은 아이가 같이 밥을 먹자고 하면 어떻게 하는 게 좋을까요?

 내가 고른 보기대로 행동한다면 어떤 일이 일어날까요?

 옆의 보기 중에서 가장 센스 없는 행동을 고른다면 무엇일까요? 그렇게 생각한 이유는 무엇인가요?

 만약 이런 상황이라면 어떻게 할까요? 그 이유는 무엇인가요?

> 혼자 먹는 친구를 찾아서 같이 밥을 먹으려고 하는데 나랑 사이가 별로 안 좋은 친구만 혼자 앉아 있어요.

오늘 나의 어떤 능력이 레벨업 되었나요?

부록에 있는 스티커에서 오늘 배운 것들과 관련이 있는 능력들을 골라 붙여보세요.

사람들이 선택한 가장 센스 있는 행동은?!

1. 아무 친구 옆에나 가서 조용히 앉아서 먹는다.
   54명 — 17.4%

2. 혼자 앉아서 먹는다.
   81명 — 26.0%

3. 그냥 배가 안 고프다고 하고 안 먹는다.
   22명 — 7.1%

4. 혼자 앉은 친구가 있는지 보고, 같이 먹자고 한다.
   149명 — 47.9%

5. 아무도 없는 곳에 가서 몰래 먹는다.
   4명 — 1.3%

311명에게 물어본 결과,

설문 조사 결과, 절반에 가까운 사람들이 혼자 앉은 친구가 있는지 보고 그 아이에게 가서 같이 밥을 먹자고 하는 것을 가장 센스 있는 행동이라고 생각했어요. 학기 초에는 다들 서로가 어색할 거예요. 다른 혼자 있는 친구도 어색한 상황일 수 있으니, 다가가서 같이 밥을 먹자고 한다면 친구를 사귈 좋은 기회가 될 거예요.

DAY 03 친구 때문에 앞이 잘 안 보여요.

교실에서 방송 수업을 듣는데, 내 앞에 앉은 친구 머리 때문에 화면이 다 가려져서 앞이 잘 보이지가 않아요.

시작 ▶

나라면 어떻게 할까요?
가장 센스 있는 행동을 골라보세요!

보기

1. 몸을 좌우로 움직이며 화면을 본다.
2. 앞 친구에게 자리를 바꿔달라고 한다.
3. 앞 친구에게 머리를 살짝 옆으로 숙여달라고 한다.
4. 선생님께 앞이 안 보인다고 한다.
5. 그냥 가만히 있는다.

나의 선택은?
....

그 이유는?
....
....
....

• 다른 사람들은 어떤 행동을 가장 센스 있다고 생각할까요? 궁금하다면 뒷장을 보세요.

도전, 센스 만렙!

 만약 수업 중에 뒤에 앉은 친구가 나한테 앞이 안 보인다고 하면 나는 어떻게 할까요?

 내가 고른 보기대로 행동한다면 어떤 일이 일어날까요?

 옆의 보기 중에서 가장 센스 없는 행동을 고른다면 무엇일까요? 그렇게 생각한 이유는 무엇인가요?

 만약 이런 상황이라면 어떻게 할까요? 그 이유는 무엇인가요?

> 앞에 앉은 친구한테 앞이 안 보인다고 했더니 고개를 숙여주는데 자꾸 원래대로 돌아와서 또 말하게 돼요.

오늘 나의 어떤 능력이 레벨업 되었나요?

부록에 있는 스티커에서 오늘 배운 것들과 관련이 있는 능력들을 골라 붙여보세요.

사람들이 선택한 가장 센스 있는 행동은?!

1 몸을 좌우로 움직이며 화면을 본다.
46명   14.8%

2 앞 친구에게 자리를 바꿔달라고 한다.
53명   17.0%

3 앞 친구에게 머리를 살짝 옆으로 숙여달라고 한다.
78명   25.1%

4 선생님께 앞이 안 보인다고 한다.
42명   13.5%

5 그냥 가만히 있는다.
92명   29.6%

311명에게 물어본 결과,

친구의 입장을 생각해서 가만히 있는 것과 친구에게 머리를 숙여달라고 직접 부탁하는 것이 1위, 2위를 차지했어요. 그리고 몸을 좌우로 움직이며 화면을 보는 것, 친구에게 자리를 바꿔달라고 부탁하는 것, 선생님께 말씀드리는 것도 꽤 많은 선택을 받았어요. 만약 수업 내용을 따라가기 힘들다면 친구에게 고개를 숙이거나 몸을 조금 옆으로 옮겨달라고 부탁하는 것이 좋겠고, 그렇지 않다면 친구의 입장을 배려해서 귀로만 수업을 들어보거나 내가 몸을 움직여 앞이 보이게 하는 것이 좋겠어요.

DAY 04 뒤에 앉은 친구들이 자꾸 속삭여요.

수업 시간에 뒤에 앉은 친구들이 자꾸 속삭여서 수업을 듣는 데 방해가 돼요.

시작 ▶

나라면 어떻게 할까요?
가장 센스 있는 행동을 골라보세요!

보기

1. 뒤에 앉은 친구들에게 그만 떠들라고 얘기한다.
2. 선생님께 그 친구들 때문에 수업을 들을 수 없다고 따로 말씀드린다.
3. 친구들이랑 사이가 안 좋아질 수 있으니 그냥 둔다.
4. 불편한 표정으로 쳐다보거나 신호를 준다.
5. 선생님께 핑계를 대고 자리를 바꿔달라고 한다.

나의 선택은?
....

그 이유는?
....
....
....

• 다른 사람들은 어떤 행동을 가장 센스 있다고 생각할까요? 궁금하다면 뒷장을 보세요.

도전, 센스 만렙!

 만약 내가 친구랑 작은 목소리로 속닥거리는데, 앞에 앉은 친구가 그만 떠들라고 하면 어떤 기분이 들까요?

 내가 고른 보기대로 행동한다면 어떤 일이 일어날까요?

 옆의 보기 중에서 가장 센스 없는 행동을 고른다면 무엇일까요? 그렇게 생각한 이유는 무엇인가요?

 만약 이런 상황이라면 어떻게 할까요? 그 이유는 무엇인가요?

> 수업 시간에 뒷자리에서 자꾸 속삭이면서 떠드는 친구들이 다른 아이들을 괴롭히는 친구들이라 말하기가 겁이 나요.

오늘 나의 어떤 능력이 레벨업 되었나요?

부록에 있는 스티커에서 오늘 배운 것들과 관련이 있는 능력들을 골라 붙여보세요.

사람들이 선택한 가장 센스 있는 행동은?!

1 뒤에 앉은 친구들에게 그만 떠들라고 얘기한다.
106명 — 34.1%

2 선생님께 그 친구들 때문에 수업을 들을 수 없다고 따로 말씀드린다.
87명 — 28.0%

3 친구들이랑 사이가 안 좋아질 수 있으니 그냥 둔다.
47명 — 15.1%

4 불편한 표정으로 쳐다보거나 신호를 준다.
34명 — 10.9%

5 선생님께 핑계를 대고 자리를 바꿔달라고 한다.
36명 — 11.6%

311명에게 물어본 결과,

　사람들은 뒤에 앉은 친구들에게 그만 떠들라고 얘기하는 것이 가장 센스 있는 행동이라고 생각했어요. 그리고 많은 사람들이 선생님께 따로 말씀드리는 것도 좋다고 생각했어요. 이런 상황에서는 친구들과의 관계를 생각해 보면 좋겠어요. 직접적으로 친구들에게 표현할 수 있으면 수업을 듣기가 힘드니까 조금 조용히 해달라고 표현하고, 그래도 큰 변화가 없거나 직접적으로 말하기 어려운 사이라면 선생님께 따로 말씀드리는 것이 좋겠어요.

DAY 05 친구가 소풍 갈 때 같이 앉자고 해요.

내가 싫어하는 친구가 소풍 갈 때 버스에서 같이 앉자고 해요. 나는 아직 누구랑 앉을지 짝을 정하지는 못했어요.

시작 ▶

나라면 어떻게 할까요?
가장 센스 있는 행동을 골라보세요!

보기

1. 싫다고 솔직하게 말한다.
2. 그냥 같이 앉아서 간다.
3. 알겠다고 말하고 나중에 다른 친구를 찾으면 그때 거절한다.
4. 다른 친구랑 앉고 싶다고 말하고 거절한다.
5. 혼자 앉고 싶다고 한다.

나의 선택은?
....

그 이유는?
....
....
....

• 다른 사람들은 어떤 행동을 가장 센스 있다고 생각할까요? 궁금하다면 뒷장을 보세요.

도전, 센스 만렙!

 만약 내가 용기 내어 친구한테 같이 앉자고 말할 때, 친구가 어떻게 해주면 좋을까요?

 내가 고른 보기대로 행동한다면 어떤 일이 일어날까요?

 옆의 보기 중에서 가장 센스 없는 행동을 고른다면 무엇일까요? 그렇게 생각한 이유는 무엇인가요?

 만약 이런 상황이라면 어떻게 할까요? 그 이유는 무엇인가요?

> 세 명이서 친한 사이인데,
> 소풍 갈 때면 버스에서 둘씩 앉아야 해요.

오늘 나의 어떤 능력이 레벨업 되었나요?

부록에 있는 스티커에서 오늘 배운 것들과 관련이 있는 능력들을 골라 붙여보세요.

사람들이 선택한 가장 센스 있는 행동은?!

1 싫다고 솔직하게 말한다.
46명   14.8%

2 그냥 같이 앉아서 간다.
102명   32.8%

3 알겠다고 말하고 나중에 다른 친구를 찾으면 그때 거절한다.
61명   19.6%

4 다른 친구랑 앉고 싶다고 말하고 거절한다.
66명   21.2%

5 혼자 앉고 싶다고 한다.
32명   10.3%

311명에게 물어본 결과,

사람들이 가장 센스 있는 행동이라고 생각한 것은 그냥 같이 앉아서 가는 것이었어요. 친구가 용기 내어 물어본 것이니까 미리 약속한 친구가 없다면 같이 앉아서 가는 것이 좋겠어요. 하지만 다른 친구랑 앉고 싶다고 말하거나 다른 친구를 찾으면 그때 거절한다는 답변도 많은 선택을 받았어요. 정말 다른 친구랑 앉고 싶다면 거절하는 것도 괜찮아요. 거절할 때는 친구의 마음이 상하지 않게 네가 싫다고 말하는 것보다는 다른 친구랑 앉고 싶다고 이유를 잘 말하는 게 필요해요.

DAY 06 잘 모르는 아이가 같이 놀려고 해요.

친구랑 둘이서 놀이터에서 놀고 있는데, 잘 모르는 아이가 와서 계속 말을 걸고 놀이에 끼려고 해요.

시작 ▶

나라면 어떻게 할까요?
가장 센스 있는 행동을 골라보세요!

보기

1. 친구에게 다른 쪽으로 가서 놀자고 한다.
2. 잘 모르는 아이지만 놀이에 끼워준다.
3. 친구랑 둘이 놀 거라고 말한다.
4. 그 아이의 말을 무시한다.
5. 불편한 표정이나 내색을 한다.

나의 선택은?

그 이유는?

- 다른 사람들은 어떤 행동을 가장 센스 있다고 생각할까요? 궁금하다면 뒷장을 보세요.

도전, 센스 만렙!

 만약 내가 놀이터에서 모르는 친구들과 같이 놀고 싶어서 다가갔다면, 그 아이들이 어떻게 해주면 좋을까요?

 내가 고른 보기대로 행동한다면 어떤 일이 일어날까요?

 옆의 보기 중에서 가장 센스 없는 행동을 고른다면 무엇일까요? 그렇게 생각한 이유는 무엇인가요?

 만약 이런 상황이라면 어떻게 할까요? 그 이유는 무엇인가요?

> 친구들이랑 놀이터에서 노는데 우리보다 나이가 훨씬 많은 형이 와서 같이 놀자고 해요.

오늘 나의 어떤 능력이 레벨업 되었나요?

부록에 있는 스티커에서 오늘 배운 것들과 관련이 있는 능력들을 골라 붙여보세요.

사람들이 선택한 가장 센스 있는 행동은?!

1. 친구에게 다른 쪽으로 가서 놀자고 한다.
   49명 15.8%

2. 잘 모르는 아이지만 놀이에 끼워준다.
   180명 57.9%

3. 친구랑 둘이 놀 거라고 말한다.
   66명 21.2%

4. 그 아이의 말을 무시한다.
   6명 1.9%

5. 불편한 표정이나 내색을 한다.
   10명 3.2%

311명에게 물어본 결과,

　설문 조사 결과, 반 이상의 사람들이 잘 모르는 아이어도 같이 놀고 싶어 한다면 놀이에 끼워주는 것이 센스 있는 행동이라고 생각했어요. 처음엔 좀 어색하더라도 같이 놀다 보면 금방 가까워질 수 있고 새로운 친구를 만들 좋은 기회가 될 수 있어요. 또한 사람들은 거절하더라도 말을 무시하거나 불편한 표정을 짓는 것은 센스 있는 행동이 아니라고 생각했어요. 같이 놀 수 없어서 거절하더라도 그 아이가 기분 나쁘지 않게 에둘러 표현하는 것이 좋겠어요.

DAY 07 예전에 친했던 친구가 날 모른 척해요.

3년 전에 같은 반이어서 친하게 지냈던 친구가 저기 서 있어요. 그런데 그 친구가 날 보더니 못 본 척 고개를 돌려요. 어떡하죠?

▶ 시작

나라면 어떻게 할까요?
가장 센스 있는 행동을 골라보세요!

보기

1. 나도 그 친구를 못 본 척한다.
2. 친구 앞까지 가서 반갑게 인사한다.
3. 친구를 쳐다보면서 먼저 인사할 때까지 기다린다.
4. 그 친구를 소리 내어 부른다.
5. 왜 나를 아는 척 안 하냐고 가서 물어본다.

나의 선택은?

....

그 이유는?

....
....
....

• 다른 사람들은 어떤 행동을 가장 센스 있다고 생각할까요? 궁금하다면 뒷장을 보세요.

도전, 센스 만렙!

 만약 내가 오랜만에 만난 친구가 어색해서 모른 척하고 싶었는데, 그 친구가 멀리서 날 알아본 것 같다면 어떨까요?

 내가 고른 보기대로 행동한다면 어떤 일이 일어날까요?

 옆의 보기 중에서 가장 센스 없는 행동을 고른다면 무엇일까요? 그렇게 생각한 이유는 무엇인가요?

 만약 이런 상황이라면 어떻게 할까요? 그 이유는 무엇인가요?

> 오랜만에 보는 친구에게 다가가서 반갑게 인사하고 팔짱을 꼈는데, 자세히 보니까 모르는 사람이에요.

오늘 나의 어떤 능력이 레벨업 되었나요?

부록에 있는 스티커에서 오늘 배운 것들과 관련이 있는 능력들을 골라 붙여보세요.

사람들이 선택한 가장 센스 있는 행동은?!

1 나도 그 친구를 못 본 척한다.
49명   15.8%

2 친구 앞까지 가서 반갑게 인사한다.
83명   26.7%

3 친구를 쳐다보면서 먼저 인사할 때까지 기다린다.
57명   18.3%

4 그 친구를 소리 내어 부른다.
92명   29.6%

5 왜 나를 아는 척 안 하냐고 가서 물어본다.
29명   9.3%

311명에게 물어본 결과,

설문 결과, 어떤 행동이 두드러지게 많은 선택을 받지는 않았어요. 하지만 나도 친구를 모르는 척하는 것보다는 소리 내어 친구를 부르거나 다가가서 반갑게 인사하는 등 아는 척을 하는 것이 더 많은 선택을 받았어요. 따라서 오랜만에 본 친구에게는 먼저 반가움을 표현하는 것이 좋겠어요. 단, 원래 사이가 좋지 않았거나 친하지 않았다면 친구가 일부러 모른 척하는 것일 수 있으니 둘의 관계를 생각해서 행동하는 것이 좋겠어요.

DAY 08 친구 이름이 기억이 안 나요.

오랜만에 만난 친구가 말을 걸어서 이야기하는데, 그 친구 이름이 뭐였는지 기억이 안 나요.

시작 ▶

나라면 어떻게 할까요?
가장 센스 있는 행동을 골라보세요!

보기

1. "이름이 뭐였지?" 하고 물어본다.
2. 이름을 아는 척 계속 대화한다(예: "아, 너구나! 반가워").
3. 바쁜 일이 있는 척 자리를 피한다.
4. 휴대폰을 뒤져서 이름을 찾아낸다.
5. 이름을 모르겠다고 하면서 사과한다.

나의 선택은?
....

그 이유는?
....
....
....

- 다른 사람들은 어떤 행동을 가장 센스 있다고 생각할까요? 궁금하다면 뒷장을 보세요.

도전, 센스 만렙!

 만약 오랜만에 만난 친구가 내 이름을 모르는 것 같다면 나는 어떻게 하는 게 좋을까요?

 내가 고른 보기대로 행동한다면 어떤 일이 일어날까요?

 옆의 보기 중에서 가장 센스 없는 행동을 고른다면 무엇일까요? 그렇게 생각한 이유는 무엇인가요?

 만약 이런 상황이라면 어떻게 할까요? 그 이유는 무엇인가요?

> 친구가 반갑게 인사하며 이야기를 하는데
> 내 이름을 잘못 알고 있어요.

오늘 나의 어떤 능력이 레벨업 되었나요?

부록에 있는 스티커에서 오늘 배운 것들과 관련이 있는 능력들을 골라 붙여보세요.

사람들이 선택한 가장 센스 있는 행동은?!

1 "이름이 뭐였지?" 하고 물어본다.
70명   22.5%

2 이름을 아는 척 계속 대화한다(예: "아, 너구나! 반가워").
138명   44.4%

3 바쁜 일이 있는 척 자리를 피한다.
21명   6.8%

4 휴대폰을 뒤져서 이름을 찾아낸다.
39명   12.5%

5 이름을 모르겠다고 하면서 사과한다.
43명   13.8%

311명에게 물어본 결과,

　많은 사람들이 이름을 아는 척 계속 대화하는 것을 가장 센스 있는 행동으로 꼽았어요. 짧게 대화할 거라면 굳이 이름을 몰라도 대화할 수 있으니까요. 그리고 그냥 이름을 물어보거나 솔직하게 말하면서 미안하다고 하는 것도 많은 사람들의 선택을 받았어요. 이름을 물어볼 때는 친구가 서운해하지 않게 "미안하지만 이름이 뭐였지?"와 같이 물어보는 것이 좋겠어요. 이름을 모른다고 자리를 피해버리는 것은 별로 센스 있는 행동이 아니라고 사람들은 생각했어요.

DAY 09 같이 못 논다던 친구가 다른 애랑 놀아요. ✕

친구가 오늘 할머니 댁에 가서 나랑 같이 못 논다고 했는데, 놀이터에서 다른 아이랑 같이 노는 것을 멀리서 발견했어요.

시작 ▶

나라면 어떻게 할까요?
가장 센스 있는 행동을 골라보세요!

보기

1. 별말 없이 놀이터에서 그 친구들이랑 같이 논다.
2. 오늘 왜 할머니 댁에 안 갔냐고 가서 물어본다.
3. 왜 나한테 거짓말했냐고 따진다.
4. 그 친구랑 앞으로 놀지 않는다.
5. 모르는 척하고 그냥 지나간다.

나의 선택은?
....

그 이유는?
....
....
....

• 다른 사람들은 어떤 행동을 가장 센스 있다고 생각할까요? 궁금하다면 뒷장을 보세요.

도전, 센스 만렙!

 만약 내가 친구의 입장이라면 이런 상황에서 나를 마주했을 때 어떤 생각을 할까요?

 내가 고른 보기대로 행동한다면 어떤 일이 일어날까요?

 옆의 보기 중에서 가장 센스 없는 행동을 고른다면 무엇일까요? 그렇게 생각한 이유는 무엇인가요?

 만약 이런 상황이라면 어떻게 할까요? 그 이유는 무엇인가요?

> 나는 진짜 할머니 댁에 가야 돼서 못 노는 건데 친구가 내 말을 안 믿고 거짓말한다고 해요.

오늘 나의 어떤 능력이 레벨업 되었나요?

부록에 있는 스티커에서 오늘 배운 것들과 관련이 있는 능력들을 골라 붙여보세요.

사람들이 선택한 가장 센스 있는 행동은?!

1. 별말 없이 놀이터에서 그 친구들이랑 같이 논다.
   66명 — 21.2%

2. 오늘 왜 할머니 댁에 안 갔냐고 가서 물어본다.
   136명 — 43.7%

3. 왜 나한테 거짓말했냐고 따진다.
   27명 — 8.7%

4. 그 친구랑 앞으로 놀지 않는다.
   16명 — 5.1%

5. 모르는 척하고 그냥 지나간다.
   64명 — 20.6%

311명에게 물어본 결과,

많은 사람들이 친구한테 오늘 왜 할머니 댁에 안 갔는지 직접 물어보는 것이 가장 센스 있는 행동이라고 생각했어요. 그리고 친구의 입장을 고려해서 별말 없이 같이 놀거나 그냥 모르는 척 지나가는 것도 센스 있는 행동으로 많은 선택을 받았어요. 친구에게 사정이 있을 수 있으니까 직접 물어보는 게 오해가 없을 거예요. 그리고 그렇게 말한 친구의 입장을 고려해서 모르는 척 같이 놀거나 지나가는 것도 괜찮아요. 만약 그런 일이 반복된다면, 친구에게 솔직하게 물어보는 게 좋겠어요.

DAY 10 친구가 그린 그림이 별로예요.

친구가 그림 대회에 출품할 그림을 보여주면서 괜찮은지 한 번 봐달라고 해요. 그런데 내가 보기엔 정말 별로예요. 뭐라고 말하죠?

시작 ▶

나라면 어떻게 할까요?
가장 센스 있는 행동을 골라보세요!

보기

1. 그냥 잘 그렸다고 말한다.
2. 어느 부분을 고치면 더 나을지 조언해 준다.
3. 나 말고 다른 사람한테도 보여주라고 한다.
4. 나는 그림 보는 눈이 없다고 한다.
5. 별로라고 솔직히 말한다.

나의 선택은?
．．

그 이유는?
．．
．．
．．

- 다른 사람들은 어떤 행동을 가장 센스 있다고 생각할까요? 궁금하다면 뒷장을 보세요.

도전, 센스 만렙!

 만약 내가 그림을 보여주면서 질문을 한 친구라면 어떤 대답을 듣고 싶어 했을까요?

 내가 고른 보기대로 행동한다면 어떤 일이 일어날까요?

 옆의 보기 중에서 가장 센스 없는 행동을 고른다면 무엇일까요? 그렇게 생각한 이유는 무엇인가요?

 만약 이런 상황이라면 어떻게 할까요? 그 이유는 무엇인가요?

> 친구가 래퍼가 된다면서 수업 시간에도 랩 가사만 써요. 나한테 들려주는데 박자가 하나도 안 맞아요.

오늘 나의 어떤 능력이 레벨업 되었나요?

부록에 있는 스티커에서 오늘 배운 것들과 관련이 있는 능력들을 골라 붙여보세요.

사람들이 선택한
가장 센스 있는 행동은?!

1. 그냥 잘 그렸다고 말한다.
   71명   22.8%

2. 어느 부분을 고치면 더 나을지 조언해 준다.
   111명   35.7%

3. 나 말고 다른 사람한테도 보여주라고 한다.
   49명   15.8%

4. 나는 그림 보는 눈이 없다고 한다.
   75명   24.1%

5. 별로라고 솔직히 말한다.
   5명 1.6%

311명에게 물어본 결과,

  사람들은 친구가 대회에 출품할 그림이니까 어느 부분을 고치면 더 나을지 조언해 준다는 답을 많이 선택했어요. 다만, 조언해 줄 때도 친구가 기분 나쁘지 않게 "잘 그렸지만, ~하면 더 좋아질 것 같아."라고 부드럽게 말하는 것이 좋아요. 응답을 잘 살펴보면, 그냥 잘 그렸다고 하거나 내가 그림을 잘 못 본다고 하거나 다른 사람한테도 보여주라고 하면서 솔직한 대답을 피하는 것도 많은 사람들에게 센스 있는 행동이라는 선택을 받았어요.

DAY 11 친구 어깨에 비듬이 잔뜩 있어요.

친구 뒤에 서 있는데, 친구 어깨에 하얀 비듬이 잔뜩 떨어져 있는 게 보여요.

시작 ▶

나라면 어떻게 할까요?
가장 센스 있는 행동을 골라보세요!

보기

1. 어깨를 살짝 털어준다.
2. 머리카락을 깨끗이 감는 방법을 조언해 준다.
3. "어깨에 이게 뭐야?"라고 물어봐서 무엇인지 확인한다.
4. 모른체해준다.
5. 농담처럼 비듬이 있다고 말해준다.

나의 선택은?

그 이유는?

- 다른 사람들은 어떤 행동을 가장 센스 있다고 생각할까요? 궁금하다면 뒷장을 보세요.

도전, 센스 만렙!

 만약 내 머리에 비듬이 있다면, 그걸 본 친구들이 어떻게 해주길 원하나요?

 내가 고른 보기대로 행동한다면 어떤 일이 일어날까요?

 옆의 보기 중에서 가장 센스 없는 행동을 고른다면 무엇일까요? 그렇게 생각한 이유는 무엇인가요?

 만약 이런 상황이라면 어떻게 할까요? 그 이유는 무엇인가요?

> 친구 어깨를 살짝 털어줬는데, 친구가 눈치를 못 채고 왜 건드리냐고 물어봐요.

오늘 나의 어떤 능력이 레벨업 되었나요?

부록에 있는 스티커에서 오늘 배운 것들과 관련이 있는 능력들을 골라 붙여보세요.

사람들이 선택한 가장 센스 있는 행동은?!

1 어깨를 살짝 털어준다.
149명 47.9%

2 머리카락을 깨끗이 감는 방법을 조언해 준다.
24명 7.7%

3 "어깨에 이게 뭐야?"라고 물어봐서 무엇인지 확인한다.
32명 10.3%

4 모른체해준다.
90명 28.9%

5 농담처럼 비듬이 있다고 말해준다.
14명 4.5%

311명에게 물어본 결과,

사람들은 친구가 민망하지 않게 살짝 어깨를 털어주는 것이 가장 센스 있는 행동이라고 생각했어요. 그리고 아예 모른체해 주는 것도 좋다고 생각했어요. 직접적으로 말하면 친구가 부끄러울 수 있으니까요. 이런 상황에서는 친구가 다른 친구들에게 놀림을 당하거나 당황하지 않도록 살짝 어깨를 털어주는 것이 센스 있는 행동일 거예요. 이와 비슷하게 친구 이 사이에 고춧가루가 껴 있거나 코에 코딱지가 있을 때에도 친구에게만 살짝 알려준다면 센스 있는 행동이 될 거예요.

DAY 12   친구가 "나 살쪘지?"라고 물어봐요.

친구가 "나 살쪘지?"라고 물어봤어요. 그런데 진짜 살이 좀 찐 것처럼 보여요.

▶ 시작

나라면 어떻게 할까요? 가장 센스 있는 행동을 골라보세요!

보기

1. 모르겠다고 한다.
2. 그렇다고 솔직하게 말한다.
3. 같이 다이어트하자고 한다.
4. 하나도 안 쪘다고 거짓말한다.
5. 살 좀 찌면 어떠냐고 괜찮다고 한다.

나의 선택은?
....

그 이유는?
....
....
....

• 다른 사람들은 어떤 행동을 가장 센스 있다고 생각할까요? 궁금하다면 뒷장을 보세요.

도전, 센스 만렙!

 만약 내가 질문을 한 친구의 입장이라면 어떻게 답해주기를 원했을까요?

 내가 고른 보기대로 행동한다면 어떤 일이 일어날까요?

 옆의 보기 중에서 가장 센스 없는 행동을 고른다면 무엇일까요? 그렇게 생각한 이유는 무엇인가요?

 만약 이런 상황이라면 어떻게 할까요? 그 이유는 무엇인가요?

> 친구가 나한테 자꾸 살이 쪘다고 하면서 스트레스 받는 일이 있는 건 아닌지 걱정해요.

오늘 나의 어떤 능력이 레벨업 되었나요?

부록에 있는 스티커에서 오늘 배운 것들과 관련이 있는 능력들을 골라 붙여보세요.

사람들이 선택한 가장 센스 있는 행동은?!

1 모르겠다고 한다.
59명   19.0%

2 그렇다고 솔직하게 말한다.
66명   21.2%

3 같이 다이어트하자고 한다.
48명   15.4%

4 하나도 안 쪘다고 거짓말한다.
50명   16.1%

5 살 좀 찌면 어떠냐고 괜찮다고 한다.
88명   28.3%

311명에게 물어본 결과,

    설문 조사 결과, 살 좀 찌면 어떠냐고 위로해 주는 것이 가장 많은 표를 받았어요. 그렇지만 다른 응답들도 비슷하게 사람들의 선택을 받았어요. 이런 상황에서는 정답이 있기보다는 친구의 감정을 상하지 않게 하기 위해 친구를 안심시켜 주거나 위로하거나 격려해 주는 말을 해주면 좋겠어요.
예: "난 네가 살쪘는지 모르겠는데?", "아니? 괜찮은데?"

DAY 13 내가 쏘는데 친구가 비싼 과자를 골라요.

오늘은 내가 친구들에게 한턱 쏘기로 했는데 친구가 너무 비싼 과자를 고르고 있어요.

시작 ▶

나라면 어떻게 할까요?
가장 센스 있는 행동을 골라보세요!

보기

1. 사기로 한 것이니까 그냥 사준다.
2. 간식은 천 원 이하로 고르자고 말한다.
3. 사실 내가 돈이 많지 않다고 말한다.
4. 몇 개만 사서 나눠먹자고 한다.
5. 너무 하는 거 아니냐고 한다.

나의 선택은?
....

그 이유는?
....
....
....

- 다른 사람들은 어떤 행동을 가장 센스 있다고 생각할까요? 궁금하다면 뒷장을 보세요.

도전, 센스 만렙!

 친구가 나한테 과자를 사준다고 할 때, 나는 보통 어떤 기준으로 과자를 고르나요?

 내가 고른 보기대로 행동한다면 어떤 일이 일어날까요?

 옆의 보기 중에서 가장 센스 없는 행동을 고른다면 무엇일까요? 그렇게 생각한 이유는 무엇인가요?

 만약 이런 상황이라면 어떻게 할까요? 그 이유는 무엇인가요?

> 친구가 떡볶이를 사준다고 해서 분식집에 갔는데 가격을 보더니 친구가 깜짝 놀란 표정을 지어요.

오늘 나의 어떤 능력이 레벨업 되었나요?

부록에 있는 스티커에서 오늘 배운 것들과 관련이 있는 능력들을 골라 붙여보세요.

사람들이 선택한 가장 센스 있는 행동은?!

1. 사기로 한 것이니까 그냥 사준다.
   64명 20.6%

2. 간식은 천 원 이하로 고르자고 말한다.
   103명 33.1%

3. 사실 내가 돈이 많지 않다고 말한다.
   78명 25.1%

4. 몇 개만 사서 나눠먹자고 한다.
   58명 18.6%

5. 너무 하는 거 아니냐고 한다.
   7명 2.3%

311명에게 물어본 결과,

　사람들은 천 원 이하의 간식을 고르자고 말하는 것을 가장 센스 있는 행동으로 생각했어요. 그리고 많은 사람들이 내가 가진 돈이 많지 않다고 사실대로 말하거나 몇 개만 사서 나눠먹자고 말하는 것도 센스 있는 행동이라고 생각했어요. 이런 상황에서는 내가 가진 돈을 생각해서 처음부터 얼마짜리 간식을 고르자고 말하는 것이 좋겠어요. 반대로 친구가 사준다고 할 때는 너무 비싼 간식을 고르지 않는 것도 센스 있는 행동이에요.

DAY 14 한 친구가 매운 걸 못 먹는대요.

친구들에게 떡볶이를 먹자고 했는데 한 명은 좋다고 하고 다른 한 명은 매운 걸 못 먹는다고 말해요.

시작 ▶

나라면 어떻게 할까요?
가장 센스 있는 행동을 골라보세요!

보기

1. 다수결로 그냥 떡볶이를 먹자고 한다.
2. 매운 걸 못 먹는 친구는 빼고 먹는다.
3. 매운 걸 못 먹는 친구를 고려해서 다른 메뉴를 고른다.
4. 떡볶이를 물에 씻어 준다고 한다.
5. 돈이 좀 더 나가더라도 다른 음식을 추가해서 주문한다.

나의 선택은?

그 이유는?

• 다른 사람들은 어떤 행동을 가장 센스 있다고 생각할까요? 궁금하다면 뒷장을 보세요.

도전, 센스 만렙!

 만약 내가 매운 걸 못 먹는 친구라면, 친구들이 어떻게 해주길 원했을까요?

 내가 고른 보기대로 행동한다면 어떤 일이 일어날까요?

 옆의 보기 중에서 가장 센스 없는 행동을 고른다면 무엇일까요? 그렇게 생각한 이유는 무엇인가요?

 만약 이런 상황이라면 어떻게 할까요? 그 이유는 무엇인가요?

> 친구들이랑 야구를 보러 갔는데 두 친구가 각각 다른 팀을 응원하자고 해요.

오늘 나의 어떤 능력이 레벨업 되었나요?

부록에 있는 스티커에서 오늘 배운 것들과 관련이 있는 능력들을 골라 붙여보세요.

사람들이 선택한 가장 센스 있는 행동은?!

1 다수결로 그냥 떡볶이를 먹자고 한다.
40명 12.9%

2 매운 걸 못 먹는 친구는 빼고 먹는다.
16명 5.1%

3 매운 걸 못 먹는 친구를 고려해서 다른 메뉴를 고른다.
186명 59.8%

4 떡볶이를 물에 씻어 준다고 한다.
10명 3.2%

5 돈이 좀 더 나가더라도 다른 음식을 추가해서 주문한다.
59명 19.0%

311명에게 물어본 결과,

반 이상의 사람들이 매운 걸 못 먹는 친구를 고려해서 다른 메뉴를 고르는 것이 가장 센스 있는 행동이라고 생각했어요. 그리고 많은 사람들이 돈이 좀 더 들더라도 그 친구가 먹을 수 있는 다른 음식을 추가해 주는 것이 좋겠다고 응답했어요. 함께 음식을 먹을 때 그 음식을 먹지 못하는 친구를 배려해 준다면 센스 있는 행동이 될 거예요.

DAY 15 친구 혼자 피자를 너무 많이 먹어요.

피자를 세 명이서 같이 먹고 돈을 똑같이 나눠내기로 했는데, 한 명이 네 조각을 먹는 바람에 나는 한 조각밖에 먹지 못했어요.

시작 ▶

나라면 어떻게 할까요? 가장 센스 있는 행동을 골라보세요!

보기

1. 그냥 똑같이 돈을 낸다.
2. 나는 한 조각을 먹었으니 좀 덜 낸다고 한다.
3. 그 친구에게 왜 혼자서 네 조각을 먹냐고 따진다.
4. 네 조각 먹은 친구를 놀려 불편함을 표현한다.
5. 한 조각밖에 먹지 못해 속상하다고 말한다.

나의 선택은?
....

그 이유는?
....
....
....

• 다른 사람들은 어떤 행동을 가장 센스 있다고 생각할까요? 궁금하다면 뒷장을 보세요.

도전, 센스 만렙!

 만약 내가 친구들보다 많이 먹어서 친구들이 나한테 돈을 더 많이 내라고 한다면 어떨까요?

 내가 고른 보기대로 행동한다면 어떤 일이 일어날까요?

 옆의 보기 중에서 가장 센스 없는 행동을 고른다면 무엇일까요? 그렇게 생각한 이유는 무엇인가요?

 만약 이런 상황이라면 어떻게 할까요? 그 이유는 무엇인가요?

> 셋이 같이 피자를 먹었는데 한 친구가 자기는 조금 밖에 안 먹었다고 돈을 반만 낸다고 해요.

오늘 나의 어떤 능력이 레벨업 되었나요?

부록에 있는 스티커에서 오늘 배운 것들과 관련이 있는 능력들을 골라 붙여보세요.

사람들이 선택한 가장 센스 있는 행동은?!

1 그냥 똑같이 돈을 낸다.
64명　20.6%

2 나는 한 조각을 먹었으니 좀 덜 낸다고 한다.
108명　34.7%

3 그 친구에게 왜 혼자서 네 조각을 먹냐고 따진다.
32명　10.3%

4 네 조각 먹은 친구를 놀려 불편함을 표현한다.
16명　5.1%

5 한 조각밖에 먹지 못해 속상하다고 말한다.
87명　28.0%

311명에게 물어본 결과,

　많은 사람들이 나는 한 조각을 먹었으니 돈을 좀 덜 낸다고 말하는 것을 센스 있는 행동이라고 생각했어요. 그리고 한 조각밖에 먹지 못한 것을 속상하다고 표현하는 것도 센스 있다고 생각했어요. 이런 상황에서는 불편한 마음을 꾹 참기보다는 잘 표현해서 친구들이 다음부터는 서로를 배려해 주도록 하는 것이 센스 있는 행동이라고 할 수 있겠어요.

DAY 16 친구가 얻어먹기만 하고 사지 않아요.

한 친구가 맨날 얻어먹기만 하고 자기는 절대 사주지 않아요.

시작 ▶

나라면 어떻게 할까요?
가장 센스 있는 행동을 골라보세요!

보기

1. 너도 좀 쏘라고 말한다.
2. 그 친구에게 다신 사주지 않는다.
3. 앞으로는 회비를 모아서 쓰자고 한다.
4. 그 친구를 만나지 않는다.
5. 그냥 모른 척 계속 사준다.

나의 선택은?

그 이유는?

• 다른 사람들은 어떤 행동을 가장 센스 있다고 생각할까요? 궁금하다면 뒷장을 보세요.

도전, 센스 만렙!

 만약 내가 친구들에게 맨날 얻어먹기만 하는 아이라면 어떻게 하는 것이 좋았을까요?

 내가 고른 보기대로 행동한다면 어떤 일이 일어날까요?

 옆의 보기 중에서 가장 센스 없는 행동을 고른다면 무엇일까요? 그렇게 생각한 이유는 무엇인가요?

 만약 이런 상황이라면 어떻게 할까요? 그 이유는 무엇인가요?

> 돈을 모아서 친구 생일 선물을 사는데
> 한 친구가 매번 값싼 선물만 사자고 해요.

오늘 나의 어떤 능력이 레벨업 되었나요?

부록에 있는 스티커에서 오늘 배운 것들과 관련이 있는 능력들을 골라 붙여보세요.

사람들이 선택한 가장 센스 있는 행동은?!

1 너도 좀 쏘라고 말한다.
71명 22.8%

2 그 친구에게 다신 사주지 않는다.
66명 21.2%

3 앞으로는 회비를 모아서 쓰자고 한다.
121명 38.9%

4 그 친구를 만나지 않는다.
45명 14.5%

5 그냥 모른 척 계속 사준다.
8명 2.6%

311명에게 물어본 결과,

　사람들은 앞으로 회비를 모아서 함께 사용하자고 하는 것을 가장 센스 있는 행동이라고 생각했어요. 그렇게 하면 매번 누가 낼지 눈치를 보지 않아도 되고 서로 마음 상할 일도 적을 거예요. 그리고 그 친구에게 음식 비용을 내라고 말하는 것과 그 친구에게 앞으로는 사주지 않는다는 답도 많은 선택을 받았어요. 계속 모른 척 사주는 것은 오히려 가장 센스 없는 행동이라고 사람들은 생각하고 있어요.

DAY 17 친구가 다른 친구 말을 잘 듣지 않아요.

한 친구가 말하고 있는데, 다른 친구가 집중해서 듣지 않아요. 친구 얘기 중에 자꾸 끼어들어서 자기 말을 하거나 딴짓을 해요.

시작 ▶

나라면 어떻게 할까요?
가장 센스 있는 행동을 골라보세요!

보기

1. 그냥 그 친구의 행동을 모르는 척한다.
2. 말을 했던 다른 친구에게 기분이 나쁘지 않았는지 물어본다.
3. 그 친구에게 집중해서 이야기를 듣자고 말한다.
4. 그 친구가 딴짓을 할 때 눈치를 준다.
5. 그 친구가 말할 때 나도 똑같이 한다.

나의 선택은?
....

그 이유는?
....
....
....

• 다른 사람들은 어떤 행동을 가장 센스 있다고 생각할까요? 궁금하다면 뒷장을 보세요.

도전, 센스 만렙!

 만약 내가 말하고 있는 친구였다면, 이런 상황에서 내가 어떻게 해주길 원했을까요?

 내가 고른 보기대로 행동한다면 어떤 일이 일어날까요?

 옆의 보기 중에서 가장 센스 없는 행동을 고른다면 무엇일까요? 그렇게 생각한 이유는 무엇인가요?

 만약 이런 상황이라면 어떻게 할까요? 그 이유는 무엇인가요?

> 한 번 이야기를 시작하면 끝이 없는 친구가 있어요. 그 친구가 혼자서 말한 지 십 분이 지나가고 있어요.

오늘 나의 어떤 능력이 레벨업 되었나요?

부록에 있는 스티커에서 오늘 배운 것들과 관련이 있는 능력들을 골라 붙여보세요.

사람들이 선택한 가장 센스 있는 행동은?!

1. 그냥 그 친구의 행동을 모르는 척한다.
   54명 17.4%

2. 말을 했던 다른 친구에게 기분이 나쁘지 않았는지 물어본다.
   85명 27.3%

3. 그 친구에게 집중해서 이야기를 듣자고 말한다.
   127명 40.8%

4. 그 친구가 딴짓을 할 때 눈치를 준다.
   40명 12.9%

5. 그 친구가 말할 때 나도 똑같이 한다.
   5명 1.6%

311명에게 물어본 결과,

설문 조사 결과, 사람들은 딴짓을 하는 친구에게 집중해서 이야기를 듣자고 말하는 것이 가장 센스 있는 행동이라고 생각했어요. 그리고 얘기를 하던 친구가 다른 친구의 딴짓이나 갑자기 끼어드는 행동으로 기분이 나쁘진 않았는지 확인하고 위로해 주는 것도 센스 있는 행동이라고 생각했어요. 내가 다른 친구랑 얘기할 때는 중간에 말을 끊고 끼어들거나 딴짓하는 행동을 하지 않도록 하는 것이 중요하겠어요.

DAY 18 친구가 빌려 간 돈을 돌려주지 않아요.

돈을 빌려 간 친구가 돌려주지 않고 빌려 간 사실을 까먹은 것 같아요. 큰돈을 빌려 간 것은 아니지만…….

시작 ▶

나라면 어떻게 할까요?
가장 센스 있는 행동을 골라보세요!

보기

1. 빨리 돈을 갚으라고 독촉한다.
2. 혹시 돈을 빌린 사실을 잊었는지 물어본다.
3. 똑같이 돈을 빌리고 갚지 않는다.
4. 돈이 필요한데 언제까지 줄 수 있냐고 한다.
5. 나중에 같이 뭘 살 때 전에 빌려준 게 있으니 친구에게 다 내라고 한다.

나의 선택은?
....

그 이유는?
....
....
....

• 다른 사람들은 어떤 행동을 가장 센스 있다고 생각할까요? 궁금하다면 뒷장을 보세요.

도전, 센스 만렙!

 만약 내가 친구 돈을 빌렸는데 깜빡하고 잊었다면, 돈을 빌려준 친구가 어떻게 해주길 원할까요?

 내가 고른 보기대로 행동한다면 어떤 일이 일어날까요?

 옆의 보기 중에서 가장 센스 없는 행동을 고른다면 무엇일까요? 그렇게 생각한 이유는 무엇인가요?

 만약 이런 상황이라면 어떻게 할까요? 그 이유는 무엇인가요?

> 나는 돈을 빌린 기억이 전혀 없는데 친구가 자꾸 나한테 돈을 갚으라고 해요.

오늘 나의 어떤 능력이 레벨업 되었나요?

부록에 있는 스티커에서 오늘 배운 것들과 관련이 있는 능력들을 골라 붙여보세요.

사람들이 선택한 가장 센스 있는 행동은?!

1. 빨리 돈을 갚으라고 독촉한다.
   49명 15.8%

2. 혹시 돈을 빌린 사실을 잊었는지 물어본다.
   191명 61.4%

3. 똑같이 돈을 빌리고 갚지 않는다.
   17명 5.5%

4. 돈이 필요한데 언제까지 줄 수 있냐고 한다.
   13명 4.2%

5. 나중에 같이 뭘 살 때 전에 빌려준 게 있으니 친구에게 다 내라고 한다.
   40명 12.9%

311명에게 물어본 결과,

설문 조사 결과, 많은 사람들이 친구한테 혹시 돈을 빌린 사실을 기억하는지 물어보는 것이 가장 센스 있는 행동이라고 생각했어요. 친구가 갚을 때까지 그냥 기다리는 것보다는 친구가 기억할 수 있도록 이야기해 주는 것이 더 좋은 행동이에요. 이때, 괜히 돌려서 말하는 것보다는 기억을 못 하는지 물어보거나 솔직하게 돈을 돌려달라고 말하는 것이 더 좋겠어요.

DAY 19 　나도 친구의 젤리가 먹고 싶어요.

친구 한 명이 젤리를 사 와서 먹는데 하나를 꺼내서 나 말고 다른 친구에게만 줬어요. 그런데 나도 젤리를 먹고 싶어요.

시작 ▶

나라면 어떻게 할까요?
가장 센스 있는 행동을 골라보세요!

보기

1. 먹고 싶은 표정으로 젤리를 쳐다본다.
2. 그냥 참고 먹지 않는다.
3. 나도 젤리를 사 와서 그 친구에겐 안 준다.
4. 나도 하나만 달라고 부탁한다.
5. 왜 나는 안 주냐고 물어본다.

나의 선택은?

....

그 이유는?

....

....

....

• 다른 사람들은 어떤 행동을 가장 센스 있다고 생각할까요? 궁금하다면 뒷장을 보세요.

도전, 센스 만렙!

 만약 친구가 나한테 젤리를 달라는 부탁을 한다면 어떻게 하는 게 좋을까요?

 내가 고른 보기대로 행동한다면 어떤 일이 일어날까요?

 옆의 보기 중에서 가장 센스 없는 행동을 고른다면 무엇일까요? 그렇게 생각한 이유는 무엇인가요?

 만약 이런 상황이라면 어떻게 할까요? 그 이유는 무엇인가요?

> 친구한테 하나 남은 젤리를 나눠 줬는데,
> 또 다른 친구가 "나는 왜 안 줘?"라고 물어봐요.

오늘 나의 어떤 능력이 레벨업 되었나요?

부록에 있는 스티커에서 오늘 배운 것들과 관련이 있는 능력들을 골라 붙여보세요.

사람들이 선택한 가장 센스 있는 행동은?!

1 먹고 싶은 표정으로 젤리를 쳐다본다.
53명　17.0%

2 그냥 참고 먹지 않는다.
76명　24.4%

3 나도 젤리를 사 와서 그 친구에겐 안 준다.
14명　4.5%

4 나도 하나만 달라고 부탁한다.
146명　46.9%

5 왜 나는 안 주냐고 물어본다.
22명　7.1%

311명에게 물어본 결과,

　설문 조사 결과, 절반에 가까운 사람들이 '나도 하나만 달라고 말하는 것'을 가장 센스 있는 행동이라고 생각했어요. 그 친구가 내가 젤리를 먹고 싶어 하는 줄 모르는 것일 수도 있고, 젤리 하나 주는 것이 크게 어려운 일이 아니어서 친구한테 말했을 때 흔쾌하게 줄 수도 있어요. 이런 상황에서는 솔직하게 젤리나 과자를 달라고 부탁하는 것이 센스 있는 행동이 될 거예요.

DAY 20 친구가 신발을 사 내라고 해요.

내가 친구 신발에 떡볶이 국물을 실수로 흘렸는데, 친구가 신발에 물이 들었다면서 아예 새 신발을 사 내라고 해요.

시작 ▶

나라면 어떻게 할까요?
가장 센스 있는 행동을 골라보세요!

보기

1. 부모님께 말씀드려서 새 신발을 사준다.
2. 떡볶이 국물을 닦아주면서 사과한다.
3. 세탁을 해주거나 세탁비를 준다고 한다.
4. 지난번에 나한테 잘못한 게 있으니 그냥 넘어가자고 한다.
5. 너무한 거 아니냐고 화를 낸다.

나의 선택은?

그 이유는?

- 다른 사람들은 어떤 행동을 가장 센스 있다고 생각할까요? 궁금하다면 뒷장을 보세요.

도전, 센스 만렙!

 만약 친구가 내 신발에 떡볶이 국물을 흘린다면, 나는 친구가 어떻게 해주길 원할까요?

 내가 고른 보기대로 행동한다면 어떤 일이 일어날까요?

 옆의 보기 중에서 가장 센스 없는 행동을 고른다면 무엇일까요? 그렇게 생각한 이유는 무엇인가요?

 만약 이런 상황이라면 어떻게 할까요? 그 이유는 무엇인가요?

> 친구한테 슬픈 이야기책을 빌려줬는데, 친구 눈물 때문에 쭈글쭈글해진 채로 돌아왔어요.

오늘 나의 어떤 능력이 레벨업 되었나요?

부록에 있는 스티커에서 오늘 배운 것들과 관련이 있는 능력들을 골라 붙여보세요.

사람들이 선택한
가장 센스 있는 행동은?!

1 부모님께 말씀드려서 새 신발을 사준다.
53명   17.0%

2 떡볶이 국물을 닦아주면서 사과한다.
133명   42.8%

3 세탁을 해주거나 세탁비를 준다고 한다.
101명   32.5%

4 지난번에 나한테 잘못한 게 있으니 그냥 넘어가자고 한다.
14명   4.5%

5 너무한 거 아니냐고 화를 낸다.
10명   3.2%

311명에게 물어본 결과,

　설문 조사 결과, 사람들은 떡볶이 국물을 닦아주고 사과하는 것을 가장 센스 있는 행동이라고 생각했어요. 그리고 친구의 신발을 직접 세탁해 주거나 부모님께 말씀드려서 세탁비를 주는 것도 적절한 행동이라고 사람들은 생각했어요. 내 실수니까 사과를 하는 것이 맞지만, 친구가 너무 무리한 요구를 할 때 다 들어줄 필요는 없어요. 적당한 수준에서 사과를 하는 것이 센스 있는 행동이에요.

DAY 21 친구들이 다른 친구 험담을 해요.

친구들이 다른 한 친구의 험담을 하는데, 나는 그 친구를 그렇게 싫어하는 건 아니에요.

시작 ▶

나라면 어떻게 할까요?
가장 센스 있는 행동을 골라보세요!

보기

1. 그냥 친구들의 험담을 듣고만 있는다.
2. 다른 일이 있는 것처럼 자리를 피한다.
3. "그래, 그렇지." 정도로 맞장구치면서 대화에 참여한다.
4. "걔 그렇게 나쁜 것 같진 않던데."라고 말한다.
5. 그 친구에게 험담 내용을 몰래 전해준다.

나의 선택은?
....

그 이유는?
....
....
....

• 다른 사람들은 어떤 행동을 가장 센스 있다고 생각할까요? 궁금하다면 뒷장을 보세요.

도전, 센스 만렙!

 만약 내가 지금 자리에 없는 친구의 안 좋은 점에 대해 얘기를 하고 있다면, 친구들이 어떻게 반응해 주면 좋을까요?

 내가 고른 보기대로 행동한다면 어떤 일이 일어날까요?

 옆의 보기 중에서 가장 센스 없는 행동을 고른다면 무엇일까요? 그렇게 생각한 이유는 무엇인가요?

 만약 이런 상황이라면 어떻게 할까요? 그 이유는 무엇인가요?

> 친구들이 내가 없는 자리에서
> 내 욕을 했다는 사실을 알게 되었어요.

오늘 나의 어떤 능력이 레벨업 되었나요?

부록에 있는 스티커에서 오늘 배운 것들과 관련이 있는 능력들을 골라 붙여보세요.

사람들이 선택한 가장 센스 있는 행동은?!

1 그냥 친구들의 험담을 듣고만 있는다.
87명 28.0%

2 다른 일이 있는 것처럼 자리를 피한다.
94명 30.2%

3 "그래, 그렇지." 정도로 맞장구치면서 대화에 참여한다.
42명 13.5%

4 "걔 그렇게 나쁜 것 같진 않던데."라고 말한다.
82명 26.4%

5 그 친구에게 험담 내용을 몰래 전해준다.
6명 1.9%

311명에게 물어본 결과,

사람들은 험담이 불편하다면 핑계를 대고 그 자리를 피하는 것을 가장 센스 있는 행동이라고 생각했어요. 그리고 험담에 굳이 끼어들지 않고 듣기만 하는 것도 센스 있는 행동이라고 생각했어요. 만약 험담을 당하고 있는 그 친구에게 마음이 쓰인다면, 그 친구가 그렇게 나쁘지 않다고 편을 들어주는 것도 좋아요. 그렇지만 험담의 대상이 된 친구에게 험담 내용을 몰래 전달해 주는 것은 그렇게 센스 있는 행동이 아니라고 사람들은 생각했어요.

DAY 22 내 욕을 했던 친구가 친한 척을 해요.

뒤에서 내 욕을 했던 친구가 내 앞에서는 친한 척 같이 놀자고 해요.

시작 ▶

나라면 어떻게 할까요?
가장 센스 있는 행동을 골라보세요!

보기

1. 왜 뒤에서 내 욕을 했냐고 따진다.
2. 앞으로 내 욕을 하지 않으면 같이 놀겠다고 말한다.
3. 모른 척 그냥 같이 논다.
4. 같이 놀고 나중에 뒤에서 그 친구를 욕한다.
5. 아무 이유나 둘러대고 같이 놀지 않는다.

나의 선택은?

....

그 이유는?

....

....

....

• 다른 사람들은 어떤 행동을 가장 센스 있다고 생각할까요? 궁금하다면 뒷장을 보세요.

도전, 센스 만렙!

 만약 내가 뒤에서 내 욕을 한 친구랑 계속 같이 놀기로 했다면 왜 그랬을까요?

 내가 고른 보기대로 행동한다면 어떤 일이 일어날까요?

 옆의 보기 중에서 가장 센스 없는 행동을 고른다면 무엇일까요? 그렇게 생각한 이유는 무엇인가요?

 만약 이런 상황이라면 어떻게 할까요? 그 이유는 무엇인가요?

> 내 욕을 한 친구한테 왜 그랬냐고 따졌는데 그 친구가 오히려 화를 내며 누구한테 들었냐고 물어봐요.

오늘 나의 어떤 능력이 레벨업 되었나요?

부록에 있는 스티커에서 오늘 배운 것들과 관련이 있는 능력들을 골라 붙여보세요.

사람들이 선택한 가장 센스 있는 행동은?!

1 왜 뒤에서 내 욕을 했냐고 따진다.
73명   23.5%

2 앞으로 내 욕을 하지 않으면 같이 놀겠다고 말한다.
53명   17.0%

3 모른 척 그냥 같이 논다.
72명   23.2%

4 같이 놀고 나중에 뒤에서 그 친구를 욕한다.
20명   6.4%

5 아무 이유나 둘러대고 같이 놀지 않는다.
93명   29.9%

311명에게 물어본 결과,

　설문 조사 결과, 사람들은 그 친구에게 아무 이유나 둘러대고 같이 놀지 않는 것을 가장 센스 있는 행동이라고 생각했어요. 그리고 모른 척 같이 놀거나, 직접 왜 내 욕을 했는지 물어보는 것도 비슷한 표를 받았어요. 직접 친구에게 내 욕을 한 사실에 대해 말하는 것보다는 같이 놀든 놀지 않든 그 사실을 직접 묻지 않는다는 응답이 더 많았어요. 그러나 불편한 마음이 지속된다면 친구에게 왜 그랬는지 조심스럽게 물어볼 수도 있겠어요.

DAY 23 나만 없는 채팅방이 있는 걸 알았어요.

친구들이 대화하는 걸 듣는데, 내가 없이 친구들끼리만 말하는 단체 채팅방이 있다는 걸 눈치채게 되었어요.

시작 ▶

나라면 어떻게 할까요?
가장 센스 있는 행동을 골라보세요!

보기

1. 내가 없는 단체 채팅방이 있냐고 직접 물어봐서 확인한다.
2. 그냥 모르는 척한다.
3. "나는 그 얘기를 못 들었는데."라며 눈치챈 티를 낸다.
4. 나도 다른 친구들과 단체 채팅방을 만들어 그 친구들을 따돌린다.
5. 그 친구들과 놀지 않는다.

나의 선택은?
....

그 이유는?
....
....
....

• 다른 사람들은 어떤 행동을 가장 센스 있다고 생각할까요? 궁금하다면 뒷장을 보세요.

도전, 센스 만렙!

 만약 내가 어느 단체 채팅방에 초대돼서 들어갔는데, 한 친구가 없다는 것을 알게 되었어요. 난 어떤 생각을 할까요?

 내가 고른 보기대로 행동한다면 어떤 일이 일어날까요?

 옆의 보기 중에서 가장 센스 없는 행동을 고른다면 무엇일까요? 그렇게 생각한 이유는 무엇인가요?

 만약 이런 상황이라면 어떻게 할까요? 그 이유는 무엇인가요?

> 내가 친구한테 따로 이야기할 말을 실수로 단체 채팅방에 올려버렸어요.

오늘 나의 어떤 능력이 레벨업 되었나요?

부록에 있는 스티커에서 오늘 배운 것들과 관련이 있는 능력들을 골라 붙여보세요.

사람들이 선택한 가장 센스 있는 행동은?!

1 내가 없는 단체 채팅방이 있냐고 직접 물어봐서 확인한다.
61명　19.6%

2 그냥 모르는 척한다.
87명　28.0%

3 "나는 그 얘기를 못 들었는데."라며 눈치챈 티를 낸다.
134명　43.1%

4 나도 다른 친구들과 단체 채팅방을 만들어 그 친구들을 따돌린다.
10명　3.2%

5 그 친구들과 놀지 않는다.
19명　6.1%

311명에게 물어본 결과,

　많은 사람들이 "나는 그 얘기를 못 들었는데, 어디서 한 얘기야?"라고 말하며 단체 채팅방이 있다는 사실을 눈치챘다는 것을 티 내는 행동이 센스 있다고 생각했어요. 하지만 그냥 모르는 척하는 것도 많은 표를 받았어요. 이럴 때는 평소 친구들과의 관계를 떠올려보는 것이 좋아요. 친구들이 나를 멀리하는 것 같다면 직접적으로 표현하는 것보다는 간접적으로 표현하거나 모르는 척하는 게 좋아요. 만약 그게 아니고 실수로 그런 것 같다면 친구에게 나도 초대해 달라고 직접 말하는 게 좋겠어요.

DAY 24 친구가 나를 피하는 것 같아요.

친구들 무리에서 한 명이 내가 오면 피하거나 아무 말도 안 해요. 아무래도 나를 싫어하든지 불편해하는 것 같아요.

시작 ▶

나라면 어떻게 할까요?
가장 센스 있는 행동을 골라보세요!

보기

1. 그 친구한테 내가 불편하냐고 직접 물어본다.
2. 모른 척하고 친구들과 어울린다.
3. 그 친구가 있는 친구들 모임에 참석하지 않는다.
4. 나도 그 친구를 피한다.
5. 다른 친구들한테 그 친구는 빼고 만나자고 한다.

나의 선택은?

그 이유는?

• 다른 사람들은 어떤 행동을 가장 센스 있다고 생각할까요? 궁금하다면 뒷장을 보세요.

도전, 센스 만렙!

 만약 내가 어떤 친구가 있을 때 아무 말도 안 한다면 무슨 이유일까요?

 내가 고른 보기대로 행동한다면 어떤 일이 일어날까요?

 옆의 보기 중에서 가장 센스 없는 행동을 고른다면 무엇일까요? 그렇게 생각한 이유는 무엇인가요?

 만약 이런 상황이라면 어떻게 할까요? 그 이유는 무엇인가요?

> 셋이 함께 한 모둠이 되었는데
> 한 친구가 다른 친구랑 이야기하고 싶지 않아 해요.

오늘 나의 어떤 능력이 레벨업 되었나요?

부록에 있는 스티커에서 오늘 배운 것들과 관련이 있는 능력들을 골라 붙여보세요.

사람들이 선택한 가장 센스 있는 행동은?!

1 그 친구한테 내가 불편하냐고 직접 물어본다.
150명 — 48.2%

2 모른 척하고 친구들과 어울린다.
72명 — 23.2%

3 그 친구가 있는 친구들 모임에 참석하지 않는다.
38명 — 12.2%

4 나도 그 친구를 피한다.
44명 — 14.1%

5 다른 친구들한테 그 친구는 빼고 만나자고 한다.
7명 — 2.3%

311명에게 물어본 결과,

사람들은 그 친구에게 내가 불편한지 직접 물어보는 것이 가장 센스 있는 행동이라고 생각했어요. 직접 물어보지 않을 거라면 모른 척하고 친구들과 어울리는 것도 괜찮겠어요. 그러나 불편한 그 친구를 피하거나 그 친구 때문에 다른 친구들과도 어울리지 못하는 상황은 좋지 않다고 사람들은 생각했어요. 이런 상황에서는 그 친구와 진지하게 이야기를 나눠보고 오해가 있다면 푸는 것이 센스 있는 행동이겠어요.

DAY 25 괴롭힘을 당하는 친구가 도와달래요.

다른 아이들한테 괴롭힘을 당하는 친구가 나한테 도와달라고 해요.

시작 ▶

나라면 어떻게 할까요?
가장 센스 있는 행동을 골라보세요!

보기

1. 어른들에게 말씀드려서 도와달라고 한다.
2. 친구를 적극적으로 도와준다.
3. 다른 친구들에게 말해서 이야기를 나눠본다.
4. 적절한 핑계를 대서 거절한다.
5. 나서서 도와주진 않고 뒤에서 몰래 위로만 해준다.

나의 선택은?

....

그 이유는?

....

....

....

• 다른 사람들은 어떤 행동을 가장 센스 있다고 생각할까요? 궁금하다면 뒷장을 보세요.

도전, 센스 만렙!

 만약 내가 괴롭힘을 당하는 아이라면 다른 친구들이 어떻게 해 주길 원할까요?

 내가 고른 보기대로 행동한다면 어떤 일이 일어날까요?

 옆의 보기 중에서 가장 센스 없는 행동을 고른다면 무엇일까요? 그렇게 생각한 이유는 무엇인가요?

 만약 이런 상황이라면 어떻게 할까요? 그 이유는 무엇인가요?

> 친구를 괴롭히는 아이들이
> 내가 친구를 도와주면 나도 괴롭히겠다고 해요.

오늘 나의 어떤 능력이 레벨업 되었나요?

부록에 있는 스티커에서 오늘 배운 것들과 관련이 있는 능력들을 골라 붙여보세요.

사람들이 선택한
가장 센스 있는 행동은?!

1. 어른들에게 말씀드려서 도와달라고 한다.
   128명 — 41.2%

2. 친구를 적극적으로 도와준다.
   82명 — 26.4%

3. 다른 친구들에게 말해서 이야기를 나눠본다.
   62명 — 19.9%

4. 적절한 핑계를 대서 거절한다.
   16명 — 5.1%

5. 나서서 도와주진 않고 뒤에서 몰래 위로만 해준다.
   23명 — 7.4%

311명에게 물어본 결과,

설문 조사 결과, 사람들은 이런 상황에서 어른들에게 말씀드려서 도와달라고 하는 것이 가장 센스 있는 행동이라고 사람들은 생각했어요. 그리고 친구를 적극적으로 도와주거나 다른 친구들이랑 이야기해서 방법을 찾는 것도 좋은 행동이라고 생각했어요. 괴롭힘의 정도가 심하다면 어린이 스스로 해결하거나 친구를 돕기 힘들 수 있어요. 이런 상황에서는 부모님이나 선생님 같은 어른들에게 반드시 도움을 요청하도록 해요.

DAY 26   엘리베이터 버튼 앞에 섰어요.

엘리베이터 버튼 앞에 서 있는데, 어떤 사람이 타더니 구석에 섰어요. 그 사람이 버튼 쪽을 쳐다보다가 나와 눈이 마주쳤어요.

시작 ▶

나라면 어떻게 할까요?
가장 센스 있는 행동을 골라보세요!

보기

1. 그 사람이 버튼을 누를 수 있게 살짝 비켜준다.
2. "몇 층 가세요?" 하고 물어본 뒤, 버튼을 눌러준다.
3. 모르는 척 시선을 돌린다.
4. 고개를 살짝 숙여 인사한다.
5. 그 사람이 무슨 말을 하는지 기다린다.

나의 선택은?
....

그 이유는?
....
....
....

- 다른 사람들은 어떤 행동을 가장 센스 있다고 생각할까요? 궁금하다면 뒷장을 보세요.

도전, 센스 만렙!

 만약 내가 엘리베이터에 탄 사람이었다면, 다른 사람이 어떻게 해주길 원했을까요?

 내가 고른 보기대로 행동한다면 어떤 일이 일어날까요?

 옆의 보기 중에서 가장 센스 없는 행동을 고른다면 무엇일까요? 그렇게 생각한 이유는 무엇인가요?

 만약 이런 상황이라면 어떻게 할까요? 그 이유는 무엇인가요?

> 우리 집 위층에 사는 할머니께서 엘리베이터에 타셨어요. 그런데 버튼을 누르지 않고 나에게 인사를 하세요.

오늘 나의 어떤 능력이 레벨업 되었나요?

부록에 있는 스티커에서 오늘 배운 것들과 관련이 있는 능력들을 골라 붙여보세요.

사람들이 선택한 가장 센스 있는 행동은?!

1 그 사람이 버튼을 누를 수 있게 살짝 비켜준다.
118명   37.9%

2 "몇 층 가세요?" 하고 물어본 뒤, 버튼을 눌러준다.
163명   52.4%

3 모르는 척 시선을 돌린다.
11명   3.5%

4 고개를 살짝 숙여 인사한다.
12명   3.9%

5 그 사람이 무슨 말을 하는지 기다린다.
6명   1.9%

311명에게 물어본 결과,

    반 이상의 사람들은 이런 상황에서 몇 층에 가는지 물어보고 버튼을 눌러주는 행동이 센스 있는 행동이라고 생각했어요. 그리고 많은 사람들이 그 사람이 직접 버튼을 누를 수 있게 살짝 옆으로 비켜주는 것도 센스 있는 행동이라고 생각했어요. 이런 상황에서 직접 버튼을 눌러주거나 상대방이 누를 수 있게 비켜준다면 사람들은 센스 있다고 생각할 거예요.

DAY 27 친구가 엘리베이터로 달려오고 있어요.

학원에 가려고 엘리베이터에 탔어요. 문이 닫히고 있는데, 저 멀리서 같은 학원 친구가 뛰어오는 것이 보여요.

시작 ▶

나라면 어떻게 할까요?
가장 센스 있는 행동을 골라보세요!

보기

1. 재빨리 열림 버튼을 누른다.
2. "잠깐만요."라고 말하고 열림 버튼을 누른 뒤, 친구한테 빨리 오라고 한다.
3. 친구가 타려면 오래 걸릴 것 같으니 그냥 문이 닫히도록 둔다.
4. 친구한테 "위에서 봐."라고 말하고 먼저 올라간다.
5. 내려서 엘리베이터를 먼저 보내고 친구랑 같이 타고 올라간다.

나의 선택은?
....

그 이유는?
....
....
....

• 다른 사람들은 어떤 행동을 가장 센스 있다고 생각할까요? 궁금하다면 뒷장을 보세요.

도전, 센스 만렙!

 만약 내가 친구와 입장이 바뀐다면, 나는 엘리베이터 속의 친구가 어떻게 해주길 원했을까요?

 내가 고른 보기대로 행동한다면 어떤 일이 일어날까요?

 옆의 보기 중에서 가장 센스 없는 행동을 고른다면 무엇일까요? 그렇게 생각한 이유는 무엇인가요?

 만약 이런 상황이라면 어떻게 할까요? 그 이유는 무엇인가요?

> 엘리베이터 안에 사람이 많이 타고 있어서 내가 버튼 쪽에 가까이 가기가 어려워요.

오늘 나의 어떤 능력이 레벨업 되었나요?

부록에 있는 스티커에서 오늘 배운 것들과 관련이 있는 능력들을 골라 붙여보세요.

사람들이 선택한 가장 센스 있는 행동은?!

1 재빨리 열림 버튼을 누른다.
139명 — 44.7%

2 "잠깐만요."라고 말하고 열림 버튼을 누른 뒤, 친구한테 빨리 오라고 한다.
143명 — 46.0%

3 친구가 타려면 오래 걸릴 것 같으니 그냥 문이 닫히도록 둔다.
6명 1.9%

4 친구한테 "위에서 봐."라고 말하고 먼저 올라간다.
6명 1.9%

5 내려서 엘리베이터를 먼저 보내고 친구랑 같이 타고 올라간다.
17명 5.5%

311명에게 물어본 결과,

사람들에게 양해를 구하고 열림 버튼을 누른 뒤, 친구를 기다려주는 것을 가장 센스 있는 행동이라고 생각했어요. 그리고 따로 허락을 구하지 않더라도 재빨리 열림 버튼을 누르는 것이 센스 있다고 생각했어요. 이런 상황에서는 친구를 위해서 엘리베이터 열림 버튼을 눌러주는 것이 센스 있는 행동이라고 할 수 있어요. 물론 엘리베이터에 이미 타고 있는 사람들에게 양해를 구한다면 더 좋겠죠!

DAY 28 엘리베이터를 못 가게 붙잡고 있어요.

엘리베이터를 타고 내려가는데, 3층 아이가 타더니 "엄마, 빨리 와."라고 하면서 몇 분 동안 열림 버튼을 누르고 서 있어요.

시작 ▶

나라면 어떻게 할까요?
가장 센스 있는 행동을 골라보세요!

보기

1. 아이의 엄마가 올 때까지 그냥 기다린다.
2. 내려서 계단으로 걸어 내려간다.
3. 아이에게 "다른 사람이 기다리잖아."라고 말한다.
4. 닫힘 버튼을 누른다.
5. 한숨을 쉬거나 째려보는 등 불편한 티를 낸다.

나의 선택은?

그 이유는?

- 다른 사람들은 어떤 행동을 가장 센스 있다고 생각할까요? 궁금하다면 뒷장을 보세요.

도전, 센스 만렙!

 만약 내가 누구를 기다리느라 엘리베이터를 붙잡고 있다면, 엘리베이터 안에 있는 다른 사람은 어떻게 생각할까요?

 내가 고른 보기대로 행동한다면 어떤 일이 일어날까요?

 옆의 보기 중에서 가장 센스 없는 행동을 고른다면 무엇일까요? 그렇게 생각한 이유는 무엇인가요?

 만약 이런 상황이라면 어떻게 할까요? 그 이유는 무엇인가요?

> 어떤 아이가 엘리베이터에 타서 모든 층의 버튼을 다 누르고 있어요.

오늘 나의 어떤 능력이 레벨업 되었나요?

부록에 있는 스티커에서 오늘 배운 것들과 관련이 있는 능력들을 골라 붙여보세요.

사람들이 선택한
가장 센스 있는 행동은?!

1 아이의 엄마가 올 때까지 그냥 기다린다.
141명   45.3%

2 내려서 계단으로 걸어 내려간다.
51명   16.4%

3 아이에게 "다른 사람이 기다리잖아."라고 말한다.
98명   31.5%

4 닫힘 버튼을 누른다.
12명   3.9%

5 한숨을 쉬거나 째려보는 등 불편한 티를 낸다.
7명   2.3%

311명에게 물어본 결과,

    사람들은 아이의 엄마가 올 때까지 그냥 기다려주는 것을 가장 센스 있는 행동이라고 생각했어요. 그리고 아이에게 다른 사람들이 기다릴 수 있다는 사실을 이야기해 주는 것도 센스 있는 행동이라고 생각했어요. 이런 상황에서는 그 아이의 엄마가 올 때까지 조금 더 기다려주거나 다른 사람들이 기다리고 있다는 것을 알려주는 것이 좋겠어요.

DAY 29 내가 잘 모르는 길을 물어봐요.

정류장에 있는데 어떤 할머니가 이 버스가 OO 병원에 가냐고 물어보세요. 아마도 그럴 것 같긴 한데 정확히는 잘 모르겠어요.

시작 ▶

나라면 어떻게 할까요?
가장 센스 있는 행동을 골라보세요!

보기

1. 모르겠다고 한다.
2. 그냥 "그런 것 같아요."라고 말한다.
3. 버스 정류장에 있는 표를 보고 정확히 알려드린다.
4. 다른 사람에게 물어보시라고 한다.
5. 못 들은척한다.

나의 선택은?

그 이유는?

- 다른 사람들은 어떤 행동을 가장 센스 있다고 생각할까요? 궁금하다면 뒷장을 보세요.

도전, 센스 만렙!

 만약 내가 길을 몰라서 물어보는 상황이라면, 다른 사람이 어떻게 해주길 원했을까요?

 내가 고른 보기대로 행동한다면 어떤 일이 일어날까요?

 옆의 보기 중에서 가장 센스 없는 행동을 고른다면 무엇일까요? 그렇게 생각한 이유는 무엇인가요?

 만약 이런 상황이라면 어떻게 할까요? 그 이유는 무엇인가요?

> 외국인이 나에게 길을 물어보는데
> 도무지 알아들을 수가 없어요.

오늘 나의 어떤 능력이 레벨업 되었나요?

부록에 있는 스티커에서 오늘 배운 것들과 관련이 있는 능력들을 골라 붙여보세요.

사람들이 선택한 가장 센스 있는 행동은?!

1 모르겠다고 한다.
71명　22.8%

2 그냥 "그런 것 같아요."라고 말한다.
18명　5.8%

3 버스 정류장에 있는 표를 보고 정확히 알려드린다.
197명　63.3%

4 다른 사람에게 물어보시라고 한다.
22명　7.1%

5 못 들은척한다.
2명　0.6%

311명에게 물어본 결과,

　잘 모를 때는 버스 정류장에 있는 표를 확인해 보고 정확하게 말해드리는 것을 가장 센스 있는 행동이라고 생각했어요. 아니라면 솔직하게 잘 모른다고 말하는 것도 센스 있는 행동이라고 생각했어요. 이런 상황에서는 도울 수 있다면 정확하게 확인해 보고 알려드리는 것이 좋겠어요. 혹시나 잘못 알려드리면 할머니께서 다른 길로 가게 되실 수 있잖아요.

DAY 30 엄마가 내 나이를 속여서 말해요.

초등학생부터는 어른하고 똑같이 돈을 받는 식당에서 엄마가 내 나이를 일곱 살이라고 말해요. 나는 여덟 살인데……, 어쩌죠?

시작 ▶

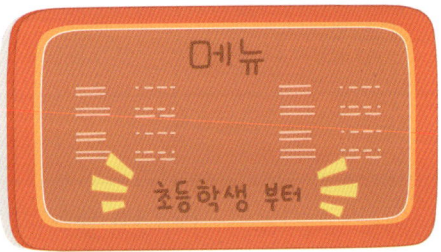

나라면 어떻게 할까요?
가장 센스 있는 행동을 골라보세요!

보기

1. 엄마에게 속이면 안 된다고 말한다.
2. 아기처럼 행동한다.
3. 엄마에게 내 나이가 무슨 일곱 살이냐고 물어본다.
4. 그냥 가만히 있는다.
5. 점원에게 초등학교를 다닌다고 알린다.

나의 선택은?
....

그 이유는?
....
....
....

- 다른 사람들은 어떤 행동을 가장 센스 있다고 생각할까요? 궁금하다면 뒷장을 보세요.

도전, 센스 만렙!

 이 상황에서 엄마는 왜 내 나이가 일곱 살이라고 거짓말을 했을까요?

 내가 고른 보기대로 행동한다면 어떤 일이 일어날까요?

 옆의 보기 중에서 가장 센스 없는 행동을 고른다면 무엇일까요? 그렇게 생각한 이유는 무엇인가요?

 만약 이런 상황이라면 어떻게 할까요? 그 이유는 무엇인가요?

> 같은 식당에서 내 친구가 자기는 일곱 살이니까 돈을 안 낸다고 말하는 것을 봤어요.

오늘 나의 어떤 능력이 레벨업 되었나요?

부록에 있는 스티커에서 오늘 배운 것들과 관련이 있는 능력들을 골라 붙여보세요.

사람들이 선택한 가장 센스 있는 행동은?!

1 엄마에게 속이면 안 된다고 말한다.
93명　29.9%

2 아기처럼 행동한다.
75명　24.1%

3 엄마에게 내 나이가 무슨 일곱 살이냐고 물어본다.
27명　8.7%

4 그냥 가만히 있는다.
109명　35.0%

5 점원에게 초등학교를 다닌다고 알린다.
7명　2.3%

311명에게 물어본 결과,

　설문 조사 결과, 사람들은 이럴 때 그냥 가만히 있는 것이 가장 센스 있는 행동이라고 생각했어요. 엄마가 모르고 그런 것이 아니고 돈을 내지 않으려고 일부러 그렇게 행동한 것인데 내가 나서서 뭐라고 말한다면 엄마가 많이 당황할 테니까요. 그렇지만 많은 사람들이 엄마에게 내 나이를 속이지 말라고 말하는 것도 좋은 행동이라고 생각하고 있었어요. 내 나이를 속이는 것은 사실 올바른 행동은 아니기 때문에 나중에라도 엄마에게 나는 거짓말을 하고 싶지 않다고 이야기하는 게 좋아요.

보상을 받으세요! ▼

우정의 트로피   **센스의 물약**   **배려의 물약**   **인기의 보물**
X 100   X 100   X 100   X 100

축하합니다! 센스와 배려의 물약으로
우정을 쌓는 인기 있는 어린이가 되세요!

센스왕 : _____

친구 마음을 알아주고
내 마음을 지혜롭게 표현하는

초판 1쇄 발행   2023. 7. 20.

지은이   김재리 최소영
본문그림   송영훈
편집   김재리

발행처   예꿈교육
주소   서울특별시 금천구 가산디지털2로 98, IT캐슬 2동 1107호
카페   cafe.naver.com/jdreamchildren
E-mail   jd_children@naver.com
인스타   @jd_children
홈페이지   www.dreamsonkids.com
등록   2015. 3. 2. 제25100-2015-000017호
ISBN   979-11-8762-416-5

ⓒ 예꿈교육, 2023
이 책은 저작권법에 의하여 보호를 받는 저작물이므로 무단 전재, 복제, 발췌를 금합니다.

스티커

배운 것을 잘 떠올리면서,
오늘 향상된 나의 능력이 무엇인지 골라 빈칸에 붙여보세요.
마지막 장에 있는 스티커에 자유롭게 능력을 적어서 붙여보세요!

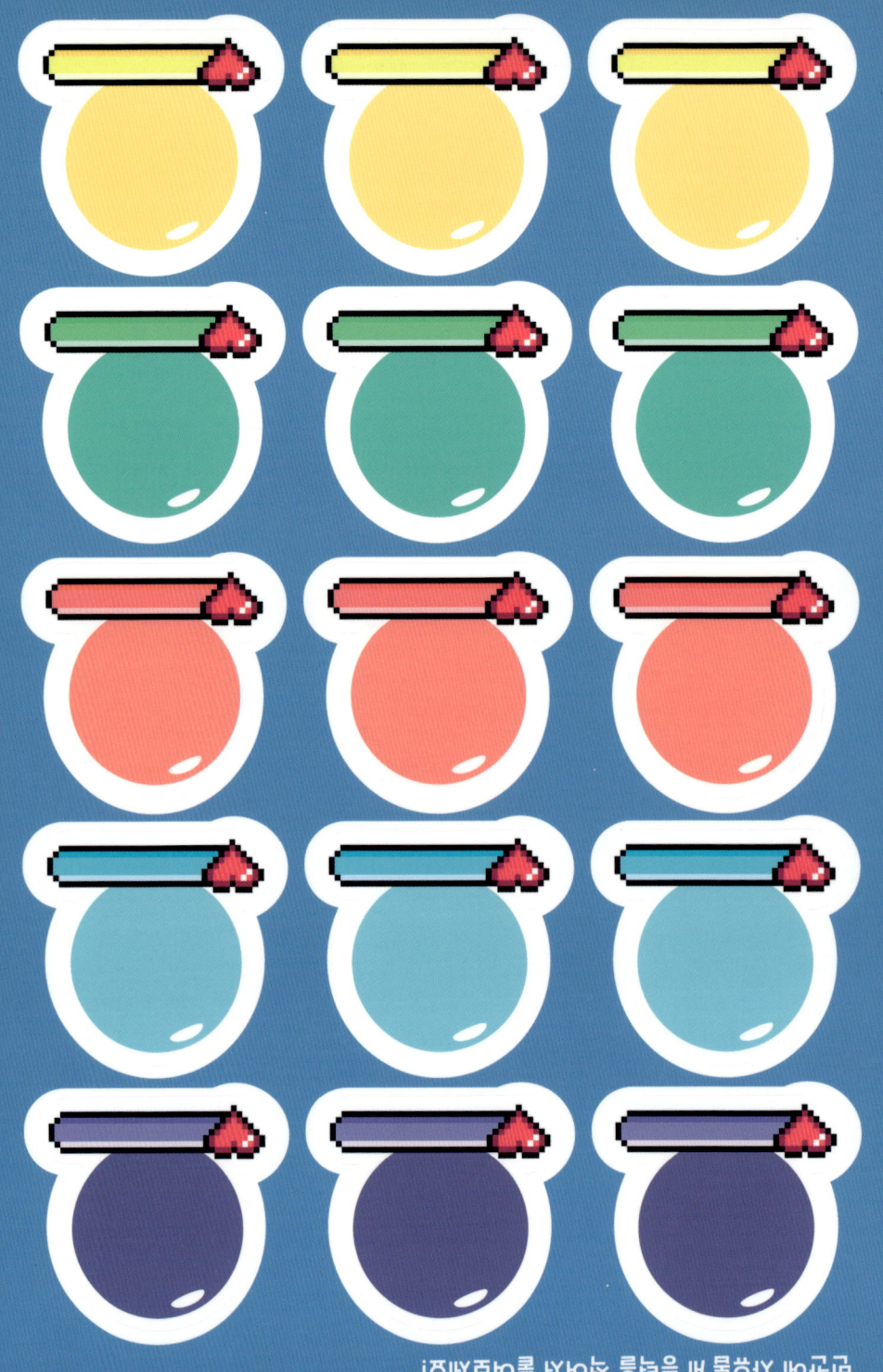